Gina Ruck-Pauquèt
Wann ist endlich Weihnachten?

Inhalt

Rezept 7
Lauter flauschige, weiße Kaninchen 8
Draußen steht die alte Linde und friert 10
Sanne will einen Adventskranz 13
Nun 16
Dezember 17
Anna feiert Weihnachten 19
Der kleine Nachtwächter und
die Schneemänner 22
Warum geht es den andern schlecht? 25
Nikolaus 27
Lisa freut sich nicht mehr 30
Was macht der Eismann im Winter? 32
Zieh dem Schneemann ... 35
Tiere im Winter 37
Tröpfchen 40
Niemand ist unterwegs 43
Traumbescherung 52
Der kleine Briefträger und der Schnee 54
Heiligabend 56
Die Zeit der offenen Tür 59
Warum? 71
Das Weihnachtswunder 74
Paradiesschnee 81
Warum jedes Jahr wieder Weihnachten ist 85

Rezept

Man nehme aus der fernsten Ferne
Drei große und drei kleine Sterne
Und schneide sie in Scheiben auf.
Dann schmiert man Abendrot darauf
Und hacket einen Mondeszipfel
Sowie ein Stückchen Wolkengipfel,
Bestreut sie kurz mit Morgentau,
Mit Donnergroll, azurnem Blau,
Mit Nebel, Schneekristallgeglimmer
Und sanftem Abendsonnenflimmer.
Zum Schluss verrührt man alles gut
Und füllt es in den Fingerhut.
Den löffelt man geruhsam aus,
Das ist der beste Weihnachtsschmaus.

Lauter flauschige, weiße Kaninchen

Im Herbst, als die Bäume ihre bunten Blätter an den Wind verschenkten, zauberte sich der kleine Zauberer ein Haus. Hoch oben auf dem Berg stand das Haus, ganz nahe am Himmel. Und in manchen Nächten setzte sich der Mond aufs Dach und ruhte ein wenig aus.
Die Tage vergingen und die Wochen, und der kleine Zauberer war immer allein. Als dann der Winter kam, fing er an sich sehr einsam zu fühlen.
Aber eines Tages begann es zu schneien. Da setzte der kleine Zauberer seine Bommelmütze auf, öffnete das Fenster und schaute den Schneeflocken zu.
„Kommt herein", rief er, „ihr sollt meine Gäste sein!"
„Das geht nicht. Wenn wir zu dir in die warme Stube kommen, schmelzen wir", flüsterten die Schneeflocken.
Der kleine Zauberer dachte ein bisschen nach, dann

hob er seinen Zauberstab und verwandelte die Schneeflocken in flauschige, weiße Kaninchen. Zuerst nur ein
paar, aber weil es ihm so viel Spaß machte, zauberte er
immer weiter. Die Kaninchen purzelten zum Fenster
herein und bald war das ganze Haus voll von ihnen. Auf
den Stühlen saßen sie, auf der Bank, rund um den Ofen,
auf dem Tisch und in allen Ecken. Im Wassereimer
hockte ein Kaninchen, zwei auf dem Sessel, eines im
Kochtopf, und als der kleine Zauberer schlafen wollte,
lagen fünf Kaninchen im Bett.

Da setzte sich der kleine Zauberer auf den Fußboden
und war traurig. Die Kaninchen aber aßen sein Brot,
knabberten alle Äpfel an, polterten im Küchenschrank
herum, packten sich bei den Pfoten und tanzten über
Teller und Tassen. Und wenn der kleine Zauberer mit
ihnen schimpfte, lachten sie ihn aus.

„Es ist mein Haus!", rief der kleine Zauberer.

Aber die Kaninchen legten die Löffel an und stellten sich
taub. Da wurde es dem kleinen Zauberer zu dumm.

„Hokuspokus Simsalabim", sagte er und verwandelte die
Kaninchen in weiße Rosen. Und die Rosen stellte er in
seine Blumenvase und freute sich daran.

Den ganzen Winter hindurch haben sie geblüht. Aber als
der Frühling kam, sind sie über Nacht verschwunden.
Und das ist ja auch kein Wunder, wenn man bedenkt,
dass die Rosen eigentlich Schneeflocken waren.

Draußen steht die alte Linde und friert

Jetzt sind die Tage kurz. Die Abende dehnen sich dunkel und still. Draußen steht die alte Linde und friert. Regnet es noch oder fällt wieder Schnee?

„Wann ist Weihnachten?", fragt Bine.

„Bald", sagt die Mama und zieht den Schlüssel zum Wohnzimmer ab.

Da drinnen gibt es Geheimnisse.

„Was wünschst du dir?", fragt Bine.

„Ein braves Kind", sagt die Mama.

Bine schließt die Augen. Sie kennt viele Kinder. Den Andi – aber der streckt den Leuten die Zunge heraus. Maren von nebenan – nein, die ärgert die Hunde. Nick verhaut die Kleineren, Peter spuckt auf die Straße und Marie wirft mit Steinen.

„Ich kenne kein braves Kind", sagt Bine.

„Wie wäre es mit dir?", fragt die Mama, die so viele Dinge gleichzeitig tun kann, dass man meint, sie habe vier Hände.

„Mit mir?", wiederholt Bine. Darauf wäre sie nicht gekommen. „Was muss man tun, um brav zu sein?"

„Du könntest mich zum Beispiel in Ruhe lassen und dir auch eine Arbeit vornehmen", schlägt die Mama vor. „Strick doch ein bisschen."

Sie bringt Bine ein kugelrundes Wollknäuel.

„Au ja!", ruft Bine. „Ich stricke einen Schal! Aber für wen?", fragt sie dann. „Für Mumpf?"

„Ein Kater braucht keinen Schal. Er trägt ja einen Pelzmantel", sagt die Mama. „Strick einen Schal für ein Eskimokind."

Bine fängt gleich an. Sie strickt und strickt und ab und zu befreit sie Mumpf, der sich in der Wolle verfangen hat.

Nach zwei Tagen ist der Schal schon recht lang.

„Mama …", sagt Bine.

„Sei brav", kommt Mamas Stimme hinter einem großen Berg von Päckchen hervor. „Strick weiter."

Das tut Bine dann auch. Der Schal wächst, im Ofen knistert das Holz, Mumpf schnurrt und draußen steht die alte Linde und friert.

„Ein armer, kleiner Eskimo … sitzt irgendwo … im Schnee …", singt Bine leise. „Am Hals ist ihm so furchtbar kalt …, doch Bines Schal, der wärmt ihn bald … Oje!", ruft sie dann.

Sie hat plötzlich das Gefühl, dass der Schal schon mindestens für zwei Eskimokinder reicht.

„Psst!", macht die Mama.

Am anderen Tag versucht Bine es noch einmal.

„Mama …"

„Du wolltest doch brav sein", sagt die Mama hinter hundert glitzernden Goldpapiersternen.

„Ja", antwortet Bine und strickt weiter.

Der Schal wächst und wächst und kriecht durchs ganze Zimmer.

„Mama", sagt Bine am dritten Tag entschlossen, „die Wolle ist alle."

Da hört die Mama auf Weihnachtsbriefe zu schreiben.

„Oh, Bine!", sagte sie. „Der Schal ist ein bisschen lang."

„Ja", Bine nickt. „Man müsste jemand Größeren finden, der friert."

Als sie so überlegen, schauen sie zum Fenster hinaus.

„Die alte Linde!", sagen sie dann beide gleichzeitig.

Weil es gerade besonders kalt ist und weil es bis Weihnachten nicht mehr lange dauert, bescheren sie den Baum sofort.

Mama und Bine wickeln den Schal um den knorrigen Stamm und der Kater Mumpf schaut zu.

Sanne will einen Adventskranz

Schon seit Tagen fragt Sanne, warum die Mama keinen Adventskranz kauft.

„Aber es ist doch noch Zeit", sagt die Mama.

„An der Ecke haben sie welche mit roten Kerzen." Sanne drückt die Nase an die Scheibe. „Und eine Straße weiter sind sie sogar mit Goldschmuck verziert!"

„Diesmal kaufen wir überhaupt keinen Adventskranz", sagt der Papa.

Sanne fällt der Löffel in die Suppe.

„Papa!", sagt sie.

Doch der Papa lächelt.

„Wir machen ihn selber", sagt er.

Am Samstag fahren sie mit dem Auto hinaus. In der Stadt sind die Straßen matschig und nass. Aber da, wo der Wald beginnt, liegt Schnee.

„Hier", schreit Sanne. „Hier steht eine schöne Tanne!"
„Wir dürfen die Zweige nicht einfach abschneiden", erklärt der Papa. „Wir wollen sehen, wo ein Baum gefällt worden ist."
Der Papa fragt einen Bauern. Der sagt ihnen, wohin sie gehen sollen. Quer durch den Wald stapfen sie. Da ist es so still, als ob man Watte in den Ohren hätte. Nur einmal schreit eine Krähe von einem Fichtenwipfel herab.
„Wo sind denn die Rehe?", flüstert Sanne.
„Die stehen hinter den Sträuchern und schauen uns an", sagt die Mama und Sanne glaubt sie zu sehen.
Als es dämmerig wird, finden sie einen großen Haufen Tannenzweige. Der Papa bindet ein paar besonders schöne zusammen. Die nehmen sie mit.
Zu Hause macht er einen Ring aus Zeitungspapier und Draht, den umwickeln sie mit Tannenzweigen. Die Mama kocht Tee und Sanne legt ein paar Tannennadeln auf die Herdplatte. Das duftet!
Dann bindet die Mama goldene Bänder um den Kranz und der Papa steckt gelbe Kerzen auf. Sanne holt ihre Schatzkiste unter dem Bett hervor.
Zwei Tannenzapfen findet sie, einen kleinen Pilz aus Pappe, eine dicke rote Glasperle, getrocknete Blumen und eine rote Schleife. Das alles piekst Sanne mit Stecknadeln auf den Adventskranz. Lustig und bunt sieht es aus.
Am anderen Morgen zündet Sanne die erste Kerze an.

„Es ist ein ganz besonderer Kranz", sagt sie. „Man riecht, dass er aus dem Wald gekommen ist."

„Sanne", sagt der Papa, „alles Tannengrün kommt aus dem Wald."

„Na ja", sagt Sanne, „aber nicht so direkt."

Nun

Nun sinken leis die Sterne,
Fast so wie Schnee.
Sie fallen in der Ferne
In einen See.

Nun schütteln sacht die Bäume
Sich da und hier.
Und senden ihre Träume
Zu Mensch und Tier.

Nun hält sie uns geborgen,
Die große Nacht.
Und bis zum nächsten Morgen
Sind wir bewacht.

Dezember

Im Dezember schneit es und schneit und schneit. Da setzt Hanna die rote Strickmütze auf. Die großen Kinder aus dem Haus haben einen Schneemann gebaut. Ein dicker, weißer Bursche ist das mit einem runden Kopf und einer Möhrennase. Manchmal, wenn Hanna mit dem Schneemann allein ist, zwinkert er ihr mit seinen schwarzen Kohleaugen zu. Aber das sagt sie niemandem, weil es sowieso keiner glauben würde.
Jedenfalls ist der Schneemann ihr Freund. Natürlich regt Hanna sich auf, als die Kinder aus dem Haus anfangen ihn mit Schneebällen zu bombardieren.
„Ihr tut ihm weh!", schreit sie. „Lasst den Schneemann in Ruhe!"
Die Kinder lachen sie aus.
„Ein Schneemann spürt doch nichts."

„Ihr werdet schon sehen", sagt Hanna. „Einmal kommt er nicht mehr wieder!"

„Du tust ja gerade, als wenn er laufen könnte", sagen die Kinder. Und da erzählt Hanna, dass der Schneemann jede Nacht spazieren geht. Und dass sie das ganz sicher weiß. Die Kinder schauen sie an.

„Hanna spinnt!", schreit dann jemand und alle lachen.

„Hanna spinnt!", rufen sie. „Hanna spinnt!"

Hanna geht traurig nach Hause. Der Papa ist auch schon da.

„Warum weinst du denn?", fragt die Mama. Zuerst will Hanna es nicht sagen. Aber dann erzählt sie es doch.

„Sie werden es schon sehen", sagt sie und zieht die Nase hoch. „Wenn er erst weg ist, der Schneemann!"

Der Papa schaut sie an. Ganz nachdenklich schaut er. Und später bringt er Hanna ins Bett.

„Träum schön", sagt er. „Vom Schneemann und vom Eskimoland."

Als Hanna am anderen Morgen hinunterläuft, sind die Kinder aus dem Haus schon da. Sie scharen sich um einen leeren Fleck und da, wo der Fleck ist, hat gestern noch der Schneemann gestanden.

Hanna ist selber ganz erstaunt. Sie reibt sich die Augen.

„Na bitte!", sagt sie dann. „Da seht ihr es ja! Jetzt ist der Schneemann weggegangen. Der kommt nie mehr."

Ganz still sind die Kinder. Und niemand lacht Hanna aus.

18

Anna feiert Weihnachten

Endlich ist Heiligabend. Im Radio singen sie vom Christkind und von den Engeln. Der Papa schaut nach den Würstchen auf dem Herd und die Mama legt ein weißes Tischtuch auf.

Anna bindet noch eine zweite Schleife um ihr Päckchen. Schließlich ist es das Geschenk für die Mama und den Papa. Da hat sie alle wichtigen Sachen vom ganzen Jahr in ein Heft hineingemalt. Wie sie im Frühling spazieren gegangen sind, wie sie im Sommer gebadet haben und die Autopanne im Herbst.

Im Radio spricht jetzt einer von Liebe, und dass Weihnachten das Fest des Neubeginns ist. Dann läuten die Glocken. Die Bescherung beginnt.

Jetzt darf Anna ins Wohnzimmer. Die Kerzen am Baum brennen und alle Päckchen unter den Zweigen sind voll wunderschöner Geschenke. Lange freuen sie sich einfach nur, alle drei. Dann muss Anna etwas fragen.

„Was beginnt denn Weihnachten neu?", will sie nun doch wissen.

„Schau in die Krippe", sagt die Mama. „Da ist vor langer Zeit das Kind geboren worden. Das hat die Menschen gelehrt einander lieb zu haben. Auch die, denen es schlecht geht. Und die einsam sind."

„Ja", sagt Anna, „wenn hier wirklich jemand einsam ist, kann er ja nicht mal zu uns rein!"

Schnell macht sie die Tür zum Flur auf und die Haustür auch. Es wird zwar ein bisschen kalt, aber das macht ja nichts. Sie sitzen am Tisch und essen Würstchen und Kartoffelsalat.

„Keiner kommt!", sagt Anna.

„Weißt du", sagt der Papa, „Weihnachten wird man nur daran erinnert. Man kann aber an jedem Tag des Jahres versuchen ein guter Mensch zu sein."

„Vielleicht", sagt Anna, „heben wir doch ein Würstchen auf. Wer weiß!"

Wieder und wieder schaut sie zur Tür. Und auf einmal ist da doch tatsächlich jemand! Es ist zwar nur eine schmuddelige grauweiße Katze, aber es ist doch wunderbar.

„Du sollst nicht einsam sein", sagt Anna, „komm herein!"

Ganz vorsichtig betritt die Katze den Raum. Sie isst etwas, dann setzt sie sich unter den Weihnachtsbaum und schnurrt.

„Papa", flüstert Anna, „macht es etwas, dass es kein Mensch ist?"

„Nein", sagt der Papa, „ganz bestimmt nicht."

Der kleine Nachtwächter und die Schneemänner

Im Winter, als der erste Schnee gefallen war, machten die Leute eine Schneeballschlacht. Hin und her sausten die Bälle und den Dichter traf einer mitten auf die Nase.

„Nun ist es genug", meinte endlich die Blumenfrau.

Da sagten die Leute einander Gute Nacht und gingen zur Ruhe.

Wer macht schon mit mir eine Schneeballschlacht?, dachte der kleine Nachtwächter, als er einsam die Gassen entlangwanderte. Und weil niemand da war, baute er sich einen Schneemann.

„Wir machen eine Schneeballschlacht!", rief er dem Schneemann zu.

Der Schneemann stand ganz still. Da formte der kleine Nachtwächter dicke, feste Schneebälle und begann ihn zu bewerfen.

Aber bald machte es ihm keinen Spaß mehr.

„Es ist nicht richtig, dass ich gegen ihn kämpfe", dachte er und er kratzte sich hinterm rechten Ohr. „Ein Schneemann kann sich nicht wehren."

Nein, da wollte er lieber noch mehr Schneemänner bauen! Für jeden der Leute einen. Es war eine sehr anstrengende Arbeit und der kleine Nachtwächter wurde ordentlich müde dabei. Aber schließlich waren vier große, schöne Schneemänner fertig.

Nun noch einen für das Mädchen mit den Luftballons, dachte der kleine Nachtwächter bei sich.

Doch bevor er noch angefangen hatte, wurde seine Müdigkeit so groß, dass er einschlief. Sachte und unaufhörlich schneite es auf ihn herab, aber der kleine Nachtwächter merkte nichts davon. Er träumte, dass die Schneemänner Reigen tanzten.

Als die Leute früh am Morgen aufstanden, konnten sie nicht hinaus, denn der kleine Nachtwächter hatte die Schneemänner versehentlich genau vor ihre Türen gestellt. Aber da stiegen sie einfach durch die Fenster und sie freuten sich trotzdem sehr.

„So hübsche Schneemänner!", riefen sie.

Und das Mädchen mit den Luftballons meinte: „Meiner ist der schönste!"

Sie konnte ja nicht ahnen, dass ihr Schneemann in Wirklichkeit der kleine Nachtwächter war.

Aber es dauerte nicht lange, da wachte der kleine Nachtwächter auf.

„Hatschi", machte er und er krabbelte unter dem Schnee hervor.

„Oje!", riefen die Leute erschrocken, und als sie sich ein bisschen erholt hatten, kochten sie ihm schnell eine große Kanne Tee.

So hat sich der kleine Nachtwächter auch wirklich nicht erkältet. Und in der nächsten Nacht hat er dem Mädchen mit den Luftballons einen Schneemann gebaut.

Warum geht es den andern schlecht?

Warum
Geht es den andern schlecht
In fernen Ländern?
Ich würd es gern ändern.
Es ist nicht recht!
Die Menschen, so sagt man,
Sind alle gleich.
Doch die sind arm
Und ich bin reich.
Ich hab einen Ball und einen Schlitten.
Ich krieg Schokolade, ohne zu bitten.
Und Weihnachten gibt es noch viel mehr.
Vielleicht einen plüschigen Teddybär,
'nen kleinen Computer für mich, ja und
'nen Fussball und einen Zottelhund.

Ich hab dreizehn Spiele und vier Paar Schuh,
Zwei ganz tolle Jacken und Mützen dazu.
Ein Bett und ein Fahrrad.
Ich werd immer satt.
Ich habe Bücher, gleich zwanzig Bände.
Ein Junge in Indien
Hat leere Hände.

Nikolaus

„Wann kommt der Nikolaus?", fragt Melanie.

Die Mama sitzt in der Badewanne.

„In fünf Tagen", sagt sie und seift sich die Ohren ein.

Am anderen Tag muss Melanie wieder fragen.

„Vier Tage noch", sagt der Papa, der eben Zwiebeln schneidet.

„So lang noch!"

Melanie mag nicht mehr warten. Mit dem Nikolaus ist das überhaupt so eine Sache. Es könnte ja sein, dass er ärgerlich ist, weil Melanie zwei Tassen vom besten Porzellan zerbrochen hat. Zum Beispiel.

Melanie steht vorm Spiegel und schaut sich forschend an. Den Abfalleimer hat sie auch nicht runtergetragen, obgleich sie es versprochen hatte.

„Papa", fragt Melanie beim Abendessen, „glaubst du, dass der Nikolaus alles weiß? Auch, dass ich jetzt den Wirsing nicht essen mag?"

„Tja", sagt der Papa, „ich werd es ihm nicht verraten."

Und die Mama nimmt den Wirsing fort und trägt ihn schnell in die Küche.

Am nächsten Tag räumt Melanie ihr Zimmer auf. Ein paar Sachen schiebt sie zwar einfach unters Bett, aber der Nikolaus ist ein alter Mann, er wird sich sicher nicht bücken.

Am übernächsten Tag putzt Melanie ihre Schuhe. Die schwarzen, die braunen und die roten.

„Morgen kommt der Nikolaus", sagt Melanie am über-übernächsten Tag. „Nicht wahr?"

Man kann es auch auf dem Kalender sehen. Melanie wäscht sich die Ohren und macht die Fingernägel sauber. Dann ist der Tag da. Ganz früh am Nachmittag wird es dämmerig. Die Mama zündet eine Kerze an.

„Es hat geklingelt!", schreit Melanie.

Doch das ist nur der Papa. Ein bisschen später kommt er dann wirklich. Man hört die Schritte schon im Treppenhaus. Melanie blinzelt durchs Guckloch. Da steht der Nikolaus im roten Mantel mit der Bischofsmütze und dem langen, weißen Bart. Die Mama öffnet die Tür.

„Du bist also Melanie", sagt der Nikolaus. Er hat fröhliche blaue Augen und ein liebes Gesicht. „Ich hab dir was mitgebracht."

Äpfel und Nüsse schüttet er aus seinem Sack, Schokolade, Zimtsterne, Bonbons und eine kleine Puppe mit blondem Haar. Und schon ist er wieder fort. Weil er ja viele Kinder besuchen muss.

Melanie atmet auf. Ganz sicher hat er nichts von den zerbrochenen Tassen gewusst und von gewissen anderen Dingen auch nicht. Das bedeutet, dass die Mama und der Papa sie nicht verraten haben. Und das ist ganz toll!

Lisa freut sich nicht mehr

Eigentlich geht Lisa gern ins Kaufhaus. Sie schaut sich die vielen Sachen an, fährt mit der Rolltreppe, und wenn sie Geld hat, kauft sie sich Gummibärchen.

Jetzt im Advent ist alles besonders schön. Überall glitzert und schillert es, Glöckchen bimmeln und Weihnachtsmusik erklingt.

In der Spielzeugabteilung tanzen Teddybären mit Plüschaffen und die Puppen stehen wie in Erwartung mit großen, glänzenden Augen aus Glas.

Auf jeder Etage sind gleich mehrere Tannenbäume mit elektrischen Kerzen und Kugeln geschmückt und Weihnachtsmänner mit langen, weißen Bärten lösen einander ab.

Tagelang ist Lisa im Kaufhaus gewesen. Dann mag sie auf einmal nicht mehr hingehen.

„Na, du bist ja so still", sagt die Mama. „Was hast du denn?"

Lisa streut Körner für die Vögel auf die Fensterbank.

„Ach, ich weiß nicht", sagt sie. „Weihnachten ist doof. Erst hab ich mir überlegt, was ich alles haben möchte, da im Kaufhaus. Aber jetzt hab ich's mir schon so lange angesehen, dass es langweilig ist. Und einmal haben zwei Weihnachtsmänner hinter der Kleiderabteilung miteinander gestritten."

„Weißt du", sagt die Mama, „das Kaufhaus ist nur ein ganz kleiner Teil von Weihnachten. Heute bleibst du einfach mal hier. Du kannst ja was malen."

Lisa malt Schneemänner und Bäume und Häuser. Die Mama hat die Schlafzimmertür hinter sich abgeschlossen. Lisa lauscht. Es knistert und raschelt und klingt sehr geheimnisvoll. Vielleicht ist das Christkind nebenan?

Lisa malt Sterne auf ihr Bild und einen goldenen Engel mit großen Flügeln. Die Mama lächelt und schweigt, als sie wieder hereinkommt. Sie legt Äpfel in den Ofen. Bald duftet die ganze Wohnung. Lisa holt zwei Blumenmuster-Teller aus dem Wohnzimmer.

Da liegt im Gang etwas Kleines, Feines, Glitzerndes!

„Mama", schreit Lisa, „Mama! Ich hab ein Engelhaar gefunden!"

Und auf einmal merkt sie, dass sie sich wieder auf Weihnachten freut.

Was macht der Eismann im Winter?

Nachmittags sitzt Christian am Tisch und malt auf ein großes, weißes Papier alle seine Freunde. Tante Josefin malt er, den Kater Mauz, den Zeitungsjungen, die Blumenliese, den Milchmann und den Polizisten an der Kreuzung.

„Sieh mal", sagt er.

„Fein", meint Tante Josefin. „Aber hast du auch niemanden vergessen?"

Christian überlegt.

„Nein", sagt er dann.

„Im Sommer hast du noch gesagt, der Eismann sei dein Freund", erinnert Tante Josefin.

„Tja", sagt Christian, „aber der Eismann ist nur im Sommer mein Freund."

Tante Josefin lächelt. „Das gibt es nicht", erklärt sie. „Wenn man mit jemandem befreundet ist, dann ist man es immer."

„Aber er ist doch nicht da", widerspricht Christian.

„Du meinst, dass er nicht an der Ecke steht", sagt Tante Josefin. „Aber irgendwo muss er doch sein."

Christian zieht die Stirn kraus und denkt nach. „Ja", sagt er dann, „aber wo ist der Eismann im Winter?"

Tante Josefin weiß es nicht. Da zieht Christian seinen Mantel an und geht hinaus, um die Leute zu fragen.

„Wo ist der Eismann im Winter?"

Nein, der Zeitungsjunge weiß es nicht. Die Blumenliese kann es nicht sagen und der Milchmann auch nicht.

„Ich werde mich erkundigen", verspricht der Polizist an der Kreuzung.

Am anderen Tag gibt er Christian einen Zettel.

„Fridolin Singer", liest Tante Josefin, „Kreuzgasse zehn."

„Dass der Eismann einen Namen hat", wundert sich Christian.

„Und einen so schönen", ergänzt Tante Josefin.

„Wir wollen ihn besuchen!", ruft Christian.

Sie ziehen ihre Sonntagskleider an, bürsten dem Kater Mauz das Fell und machen sich auf den Weg. Christian stellt sich vor, wie der Eismann in seiner weißen Jacke und der weißen Mütze in seinem Zimmer steht und Eis anrührt – auf Vorrat, für den Sommer.

Die Kreuzgasse ist eng und klein. Nummer zehn ist ein

schmales Haus. Tante Josefin, Christian und Mauz steigen viele Treppen empor.

„Singer", lesen sie auf dem Türschild.

Sie klingeln und der Eismann macht auf. Er erscheint Christian älter als im Sommer und seine weiße Jacke trägt er auch nicht.

„Ja?", fragt der Eismann, „bitte sehr?"

„Es ist nur …", stottert Christian, „… erinnerst du dich, dass wir im Sommer befreundet waren? Wenn man mit jemandem im Sommer befreundet ist, ist man es im Winter auch."

Da lächelt der Eismann und schon sieht er wieder viel jünger aus. Er bittet Tante Josefin, Christian und Mauz herein und sie plaudern miteinander.

„Was machst du im Winter?", fragt Christian.

„Ich denke an den vergangenen Sommer", sagt der Eismann. „Und ich warte auf den nächsten."

„Bist du immer allein?", fragt Christian.

Der Eismann nickt.

„Von jetzt ab", verspricht Christian, „wird das anders werden!"

Am nächsten Tag redet er mit dem Zeitungsjungen. Und der Zeitungsjunge sagt den anderen Kindern, wo der Eismann wohnt und dass er im Winter immer allein ist. Von da ab hat Fridolin Singer alle Tage Besuch.

Zieh dem Schneemann…

Zieh dem Schneemann
Keine Schuh an,
Sagt der Jan.
Weil der abhaut,
Wenn es taut!
Wär doch gut,
Sagt die Ruth.
Könnt sich vorsehn,
Müsst nicht dastehn
Und vergehn.
Könnte fliehen,
Nördlich ziehen,
Sonstwohin,
Wenn es taut,
Und ihm graut.

Und was tut
Dann die Ruth?
Zieht dem Schneemann
Rote Schuh an!
Wirst schon sehen!
Sagt der Jan,
Was er macht.
In der Nacht
Im Januar
Wird es wahr
Tapst der Schneemann
Nun beschuht
Durch die Träume
Von der Ruth.

Stapft vom Haus
Zum Garten raus.
Bleibt von ihm nur
Seine Schneespur.
Hat ein Schneemann
Erst mal Schuh an,
Wird er keck
Und läuft weg!

Tiere im Winter

Es schneit seit dem frühen Morgen. Tief hängt der Himmel über dem Wald. Die Bäume stehen sehr still und ihre Äste senken sich unter der Schneelast.

Auf der Spitze einer Tanne hockt der Rabe und starrt in den Flockentanz. Wieder und wieder fallen ihm die Augen zu. Er hat lange kein Futter gefunden. Er ist müde, und wenn er für Sekunden einschläft, narrt ihn das Bild der warmen, sommerlichen Äcker, die ihn satt und glücklich gemacht haben.

Plötzlich nimmt er unten auf dem Waldweg eine Bewegung wahr. Der Hase hoppelt vorbei. Der Hase ist noch jung. Es ist sein erster Winter. Er begreift nicht, was da geschieht. Hier und da hält er inne, schnuppert und scharrt. Aber der Schnee hat das spärliche, dünne Gras unter sich begraben.

Jetzt raschelt es im Dornengestrüpp. Der Rehbock bahnt sich seinen Weg. Schnell duckt sich der Hase, stellt die Löffel hoch. Er ist zur Flucht bereit. Doch der Rehbock beachtet ihn nicht. Er bleibt stehen und döst vor sich hin. Er ist alt. Er spürt, dass er alt ist. So oft hat er den Winter erlebt. Und es hat eine Zeit gegeben, in der er wusste, dass auf den Winter der Frühling folgt. Aber jetzt weiß er es nicht mehr. Ihm ist, als habe er etwas verloren. Er hat den Frühling vergessen.

Als der Fuchs heranschleicht, blickt er auf. Der Rote hat die Hasenspur entdeckt. Oben auf der Tanne reckt der Rabe den Hals. Er sieht, wie der Hase davonhoppelt, – arglos, denn der Wind steht gegen ihn.

Es schneit jetzt dichter. Die Flocken weben das Grau zwischen den Bäumen zu. Lang gestreckt und geduckt folgt der Fuchs dem Hasen. In seinem Magen brennt der Hunger und die Rippen stehen ihm spitz gegen das Fell. Eine Weile schaut der Rehbock ihm nach. Dann wendet er schwerfällig den Kopf und beginnt an der Spitze einer jungen Fichte zu nagen.

Der Hase verharrt. Er blickt zur Seite und lässt seine Löffel spielen. Er erinnert sich, dass sie zu zweit gewesen sind. Vor kurzer Zeit noch sind sie zu zweit gewesen. Aber der andere ist verschwunden. Der Hase versteht das nicht. Er versteht jetzt vieles nicht. Er hebt die Nase gegen den Wind.

Das ist der Augenblick, in dem der Fuchs zum Sprung

ansetzt. Es ist der Augenblick, in dem der alte Rehbock mit dem Geschmack des bitteren Fichtengrüns alle Winter seines Lebens schmeckt. Und es ist der Augenblick, in dem der Rabe seinen heiseren Ruf erschallen lässt. Er weiß nicht, warum er geschrien hat. Aber der Hase schreckt auf. Er nimmt den Fuchs wahr und ergreift in wildem Zickzacklauf die Flucht. Der Schnee erschwert ihm jeden Sprung und er fühlt, wie seine Kraft nachlässt. Aber auch der Fuchs ist müde. Bald hat der Hase zwei, drei Längen Vorsprung. Noch einmal nimmt der Rote all seine Kraft zusammen. Er holt auf. Er wird ihn fassen. Doch da hat der Hase die Baumhöhle erreicht. Er schlüpft hinein und ist in Sicherheit. Noch zittert er. Aber es kann ihm nichts mehr geschehen.

Es dämmert. Der Rabe oben auf der Tanne breitet die Flügel aus und fliegt davon. Der alte Rehbock ist im Gesträuch verschwunden. Dunkel hebt sich die Gestalt des Fuchses vom Schnee ab.

Nun wird es Nacht.

Tröpfchen

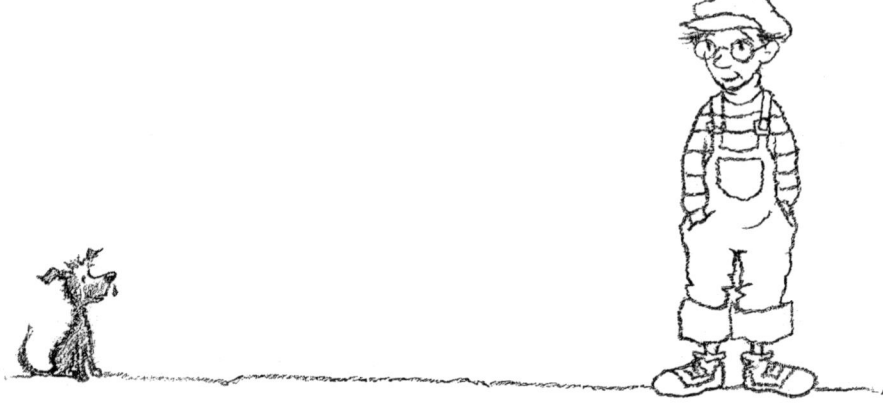

Ulli war ein kleines, mageres Kind auf dünnen Beinen. Und der Hund sah so ähnlich aus. Er saß vor der Tür und zitterte. Saß da und schaute, kurzhaarig, schwarz, spinnebeinig und hatte einen Tropfen an der Nase.

Die Eltern holten ihn rein und sie nannten ihn Tröpfchen. Das war in der Adventszeit. Ulli hatte sich immer schon einen Hund gewünscht. Nun war er glücklich. Er spielte mit Tröpfchen, ging mit ihm spazieren, sprach und aß und schlief mit ihm. Doch dann, eine Woche später, war Tröpfchen plötzlich verschwunden.

„Vielleicht gehört er irgendwohin", sagte der Vater. „Er wird wieder nach Hause gegangen sein."

Ulli war der Meinung, dass er sich verlaufen hatte. Oder er war entführt worden. Nie hätte Tröpfchen ihn im Stich gelassen!

Die Eltern riefen bei der Polizei an und im Tierheim. Sie gaben eine Anzeige in der Zeitung auf, fragten die Nachbarn und klebten Zettel an die Bäume.

„Kleiner Hund entlaufen, schwarz, dünn. Hört auf den Namen Tröpfchen. Belohnung!"

Das war kurz vor Weihnachten. Tröpfchen tauchte nicht auf. Die Welt war grau und trostlos und Ulli wollte nichts vom Christkind. Nur sein Hund sollte wiederkommen.

Abends stand Ulli am Fenster und starrte hinaus in die Dunkelheit, bis seine Augen schmerzten und seine Seele auch. Ein bisschen Hoffnung hatte er noch. Schließlich war bald Weihnachten. Und Weihnachten ist das Fest, an dem wunderbare Dinge geschehen können.

Und am Heiligen Abend meinte Ulli auch, in den Blicken der Eltern lesen zu können, dass etwas ganz Besonderes bevorstand.

Er saß im Nebenzimmer, während die Eltern den Christbaum schmückten. War da nicht ein leises Winseln zwischen dem Rascheln von Papier, dem Geflüster und der Weihnachtsmusik?

Das Tröpfchen, dachte Ulli. Das Tröpfchen ist wieder da!

Und das Glück lief ihm den Rücken rauf und runter und machte ihn ganz kribbelig.

Dann endlich, endlich bimmelte das Glöckchen. Die Tür ging auf und da stand es, – klein, schwarz, spinnebeinig und war ein Hündchen und war doch nicht das Tröpfchen.

„Nein!", hat Ulli geschrien. „Nein!" Und er hat geheult und den Blick abgewendet von dem Tier, das jetzt zitterte wie das Tröpfchen am ersten Abend und das doch nur eine Nachahmung war.

Ulli setzte sich auf einen Stuhl. Mit dem Rücken zu allem setzte er sich, zu diesem unechten Tröpfchen, zu den Eltern und zu Weihnachten überhaupt.

Er spürte das Hündchen, das irgendwo hinter ihm war. Sicher blickte es ihn aus den Augenwinkeln heraus an, wollte, dass er aufstand und zu ihm hinging. Vielleicht war es traurig.

Draußen läuteten die Kirchenglocken. Was konnte das fremde Hündchen dafür, dass alles so schrecklich war? Bestimmt hatte es glücklich sein wollen und Ulli verdarb ihm nun alles. Weihnachten verdarb er ihm und vielleicht sogar sein ganzes Leben.

Das konnte Ulli natürlich nicht durchhalten. Er wartete, bis die Eltern nicht hinschauten und stand auf. Das Hündchen blickte ihm wirklich entgegen. Jetzt wedelte es sogar mit dem Schwanz.

Da hat Ulli das Hündchen in die Arme genommen und hat es nass geweint.

Niemand ist unterwegs

Seit dem Morgen schneite es. In der Küche war es warm. Fett und würzig stieg der Bratenduft auf. Josefin hatte das dunkle, von weißen Fäden durchzogene Haar hinter die Ohren gestrichen. Ihr Gesicht war gerötet. Im Herd bullerte das Feuer.

Als wäre es ein Tier, dachte Anna. Feuertier, dachte sie. Anna saß an einer Ecke des Holztisches und malte. Das weiße Blatt war der Schnee. Die Krähen waren schwarz und eine hatte nur ein Bein. So hatte sie sie auf der Wiese vorm Haus gesehen.

Jetzt wurde es dämmerig. Es war Heiligabend. Anna lebte noch nicht lange hier draußen bei Josefin. Vorher war sie in einem Heim gewesen.

Josefin klapperte mit Töpfen und Bestecken. Dann stellte sie die Schüssel mit den Pellkartoffeln auf den Tisch und begann die Schalen abzuziehen.

Anna wusste, dass im Wohnzimmer der Weihnachtsbaum stand. Sie hatte nicht zusehen dürfen, wie Josefin ihn geschmückt hatte. „Warte nur", hatte sie gesagt.

Jetzt fluchte sie leise, weil sie sich die Finger an den Kartoffeln verbrannte. Anna malte ein Haus. Es war ein kleines Haus und die Fenster waren gelb vom Licht.

Die Musiksendung im Radio ging zu Ende. Im Kinderfunk erzählte einer die Weihnachtsgeschichte. Wie sie auf Herbergsuche gewesen waren damals, Maria und Josef. Niemand hatte sie aufnehmen wollen, und sie waren doch in Not, weil das Kind geboren werden sollte. Anna wusste, dass ein Wirt sie schließlich in den Stall gelassen hatte. Aber das konnte sie nicht mehr hören, weil Josefin anfing am Herd zu klappern. Sie legte große Stücke von dem trockenen Holz nach. Dann rührte sie in den Töpfen, würzte und schmeckte ab.

Anna malte den alten Mann in den Schnee. Er hatte am Morgen neben der Kirche gestanden und selbst gebasteltes Spielzeug zum Verkauf angeboten. Es waren Tiere aus glänzendem Stanniol gewesen und kleine Wagen aus Holz. Die Leute hatten geschaut, aber niemand hatte ihm etwas abgekauft.

Er hatte zerschlissene Schuhe gehabt und die Ärmel seiner Jacke waren ausgefranst.

„Er muss fremd sein", hatte eine Frau zu einer anderen

gesagt. Anna hatte ihn aus der Ferne angesehen. Sie hatte kein Geld.

Jetzt hackte Josefin die Zwiebeln für den Kartoffelsalat. Mit dem Handrücken wischte sie sich die Augen. Im Radio kam wieder Musik. „Leise rieselt der Schnee", spielten sie.

Anna ging ans Fenster. Es schneite wirklich immer noch. Aber der Schnee rieselte nicht, er schwebte. Es waren dicke, zottelige Flocken. Anna fiel die Katze wieder ein. Eine bunte Katze, rot, weiß und grau. Sie war bis zur Tür gekommen und hatte Anna aus großen, gelben Augen angesehen. Dann hatte Josefin im Haus ein Geräusch gemacht und die Katze war fortgelaufen.

Anna ging zum Tisch zurück und malte die Katze in den Schnee. Daneben malte sie einen Baum. Vielleicht möchte die Katze hinaufklettern. Anna lächelte. Am oberen Rand des Bildes strichelte sie schwarz den Himmel.

Josefin schob ihr ein paar Nüsse hin. „Magst du?"

Die Nüsse schmeckten süß.

„Gleich können wir essen", sagte Josefin, „und dann ist Bescherung."

Als Anna das Bild wieder anblickte, sah sie, dass sie die Sterne vergessen hatte. Die schwarze Fläche nahm das Gelb des Filzstiftes nicht an.

„Schließ die Tür ab", sagte Josefin. „Jetzt machen wir es uns gemütlich."

„Und wenn jemand herein will?", sagte Anna.

„Niemand will herein."

Josefin nahm die geblümte Schürze ab und strich sich über den Rock. Sie fuhr sich mit den Händen durch die Haare, dann stellte sie die guten Teller auf den Tisch. Früchte waren auf ihnen abgebildet und ein Korb mit Blumen.

„Der Kartoffelsalat ist wunderbar und warte erst, wie der Braten schmeckt! Morgen gibt's dann Rotkohl und Spargel zum Fleisch. Hilf mir mal", sagte Josefin.

Sie schob den schwarzen Bratkessel von der Herdplatte. Anna nahm den Eisenhaken. Das Feuer sah aus, als wolle es heraus. Es war gelb und rot und ein bisschen blau.

„Mach zu, es qualmt", sagte Josefin.

Für einen Augenblick stellte Anna sich vor, wie es sein würde, wenn sie das Feuer im Zimmer frei ließe.

„Mach zu", sagte Josefin noch einmal. „Es qualmt." Anna schob die Eisenringe ineinander.

„Stille Nacht", sangen sie im Radio. „Heilige Nacht." Anna zog die Schultern hoch.

„Frierst du?", fragte Josefin.

„Nein", sagte Anna.

Sie ging zum Fenster. Aber draußen war es dunkel, und sie konnte nichts mehr sehen. Immer musste sie daran denken, dass jemand draußen war. Josefin schnitt den Braten in Scheiben. Er hatte eine braune Kruste. Auch die Sauce war braun, braun und sämig und dick. Josefin summte zur Radiomusik.

„Verdammt!", sagte sie dann. Sie hatte einen Fleck auf eines der weißen Sets gemacht. Mit Küchenpapier rieb sie daran herum. „Nimm dein Bild weg", sagte sie dann. „Wir wollen essen."

Anna hatte noch Stiefmütterchen malen wollen. In Wirklichkeit sind sie ja unter dem Schnee, aber trotzdem. Als Anna hergekommen war, war Herbst gewesen. Da hatte sie ganze Tage auf der niedrigen Friedhofsmauer gesessen und die Gräber angesehen.

Die Gräber waren voller Stiefmütterchen gewesen, blau, violett und gelb und weiß. Jedes Stiefmütterchen hatte ein Gesicht und alle Gesichter hatten Anna angeschaut. Anna hatte in Gedanken mit ihnen gesprochen.

„Du", hatte sie gesagt, „kleines Blaues", oder: „Samtmädchen, hab keine Angst, ich fass dich nicht an."

„Habt ihr gesungen?", fragte Josefin, während sie aßen. „Habt ihr gesungen im Heim?"

„Ja", sagte Anna. Aber sie dachte trotzdem nicht zurück.

„Freut euch!", sangen sie im Radio.

„Freust du dich?", fragte Josefin.

Anna freute sich. Eine große, wunderbare Wärme breitete sich in ihr aus. Wie ein Teppich aus Freude und Glück.

„Bald ist es so weit", sagte Josefin. „Weißt du noch, was du dir alles gewünscht hast?"

Aber damit hatte die Freude gar nicht so viel zu tun.

Es war keine Erwartungsfreude, es war eine Freude an dem, was war. Am Geschmack des Essens, an der Wärme, daran, dass das Haus eine Insel wurde in einem Meer von Schnee, und daran, dass Maria und Josef angekommen waren im Stall zwischen Heu und Stroh und im warmen Dunst der Tiere.

Aber dann fiel es Anna wieder ein und es war, als ob sich ein Vorhang wegzöge, auf dem die Freude nur aufgemalt war, und dahinter war es dunkel wie der Himmel auf dem Bild. Der Himmel, der keine Sterne hatte.

„Glaubst du, dass niemand unterwegs ist?", wollte Anna wissen.

„Niemand ist unterwegs", sagte Josefin.

„Niemand ist traurig?"

„Niemand."

„Niemand friert?"

„Niemand."

„Niemand hungert?"

„Niemand", sagte Josefin.

„Aber der alte Mann, der vor der Kirche stand? Sie haben gesagt, dass er ein Fremder ist!"

„Er ist heimgegangen", sagte Josefin.

„Aber die Katze?"

„Sie gehört dem Nachbarn."

„Aber die Krähe mit dem einen Bein?"

„Sie ist in den Wald geflogen. Da hat sie ihr Nest.

Komm!" sagte Josefin, „wir räumen auf, dann zünde ich die Kerzen an."

Bald klingelte im Nebenzimmer das Glöckchen. Da ging Anna hinein und bestaunte den Baum, die Lichter und die glitzernden Kugeln. Den blauen Pullover fand sie, die Bücher, die bunten Perlen und das Hündchen aus Plüsch. Lebkuchen gab es und Bonbons und Mandarinen und zuletzt entdeckte sie noch ein Spiel unter den tiefen Ästen der Fichte, das spielten sie und lachten und einmal sangen sie auch. Dann endlich waren sie müde.

„Schlaf gut", sagte Josefin, als sie nach oben gegangen waren. „Morgen ist wieder Weihnachten."

Anna zog die Schuhe aus, den Rock und die Bluse. Dann ging sie zum Fenster. Die Nacht war schneehell und still. Fern, hinter den Umrissen der Bäume war am Himmel ein matter Schein. Die anderen Häuser lagen dunkel wie geheimnisvolle schlafende Wesen und für einen Augenblick glaubte Anna zu sehen, wie ihr Atem sich senkte und hob.

Es hatte aufgehört zu schneien. An den Fensterscheiben wuchsen Eisblumen. Anna spürte die Kälte. Sie ging vom Fenster fort, öffnete leise die Tür und huschte die Treppe hinunter.

Im Weihnachtszimmer hatte sich das Geschehene des Heiligen Abends in eine Woge aus Düften verwandelt. Der Geruch nach Kerzenwachs barg noch die Klänge der Lieder.

Anna stellte die kleine Lampe mit der langen Schnur vom Regal auf die Fensterbank und knipste sie an. Dann schlich sie leise wieder die Treppe empor, kuschelte sich tief und wohlig ins Bett und schlief.

Einmal in dieser Nacht wachte Anna auf. Immer noch war es sehr still, aber etwas in dieser Stille hatte sie geweckt.

Es war wie ein sanftes, regelmäßiges Knirschen im Schnee vor dem Haus, so, wie die Schritte eines Menschen sein könnten, der vorsichtig ist.

Klopf nur, dachte Anna. Klopf nur an, ich komme sofort. Dann sank sie zurück in den Schlaf, übergangslos und tief.

Am Morgen schien die Sonne. Anna war es, als habe sie einen Traum vergessen, einen wichtigen Traum. Ein wenig lag sie noch still, im ausgekühlten Raum konnte sie ihren Atem sehen. Sie reckte sich, stand auf und ging ans Fenster.

Die Helligkeit sprang ihr schmerzend in die Augen und es dauerte eine Weile, bis ihr deutlich wurde, was sie wahrnahm. Fußspuren führten von der Straße über den Pfad zur Tür, bis zum Fenster hin, an das sie in der Nacht ein Licht gestellt hatte!

Hastig suchte Anna ihre Kleider zusammen. Unten pfiff der Wasserkessel und aus dem Radio klang Orgelmusik. Anna fand ihren zweiten Strumpf nicht. Als sie ihn endlich hatte, klemmte die Schnalle am linken Schuh. Dann

war sie angezogen. Sie rannte die Treppe hinunter. Schwach schlug ihr der Weihnachtsgeruch aus dem Wohnzimmer entgegen. Die Haustür stand offen. Josefin räumte Schnee. Sie schob die Schaufel vom Fenster her den Pfad entlang bis zur Straße. Es waren Spuren im Schnee gewesen. Jetzt waren sie nicht mehr zu sehen. „Josefin!", rief Anna.
Aber im gleichen Moment fingen die Glocken der nahen Kirche zu läuten an. Hart und metallisch läuteten sie und ihr Klang türmte sich über Annas Ruf, dass er ganz darunter verschwand.

Traumbescherung

Ich hab mir was ausgedacht,
Dass mir aber keiner lacht!
Dieses Jahr zur Weihnachtszeit,
Da beschenk ich weit und breit
Alle Leut – ihr glaubt es kaum!
Jeder kriegt von mir 'nen Traum:
Raben, die Trompete blasen,
Bring ich mit, karierte Hasen,
Eine Fuhre Gummibärchen,
Dreizehn Flaschen voller Märchen,
Bäume, die spazieren gehen,
Stunden, die ganz stille stehen,
Hunde, die sich reiten lassen,
Frisch gebrat'nes Eis in Massen,
Schnelle Autos für die Kinder,
Einen Zauber-Wunsch-Zylinder,

Extra-Väter, nur zum Spielen,
Bälle, die von selber zielen,
Eine Achterbahn zu Hause
Und 'ne Limonadenbrause,
Betten, die im Dunkeln fliegen,
Masern, die wir niemals kriegen,
Sommerschnee auf Rodelwiesen,
Aufblasbare bunte Riesen,
Feuerchen, die knisternd brennen,
Mütter, die nicht schimpfen können,
Badeseen an den Ecken,
Lutschbonbons so lang wie Stecken,
Schulen nur zum Lachenlernen,
Flugzeugtaxis zu den Sternen,
Sofas, um drauf rumzuspringen,
Lieder, die sich selber singen,
Pulver zum Unsichtbarmachen,
Ein paar kleine, zahme Drachen,
Katzen, die auf Rollschuhn rennen,
Morgenstunden zum Verpennen,
Wände, um sie anzumalen,
Nüsse ohne harte Schalen,
Einen Löwen zum Liebkosen,
Und statt Ärger rote Rosen.
Hier ist die Bescherung aus.
Sucht für euch das Beste raus!

Der kleine Briefträger und der Schnee

Einmal im Winter fiel so viel Schnee wie nie zuvor. Zuerst freuten sich die Leute.

„Wie schön!", riefen sie. „Die Stadt sieht aus wie mit Puderzucker bestäubt."

Die Kinder fuhren Schlitten und machten Schneeballschlachten und die Hunde wälzten sich herum und sahen aus, als ob sie lachten.

Auch dem kleinen Briefträger gefiel der Winter. Nur konnte er bald nicht mehr mit dem Fahrrad fahren. Da zog er seine dicken, braunen Stiefel an und stapfte durch den Schnee.

Als es aber Tag um Tag und Nacht um Nacht weiterschneite, fingen die Leute an besorgte Gesichter zu machen. Als Erste gingen die Katzen nicht mehr aus. Auch der Pekinese Pumpel saß jetzt lieber am Fenster und schaute sich von dort die Welt an.

„Es ist schlimm!", seufzte die Oma Rumpelputz. „Der Schnee reicht mir bis an die Knie."

Zum allem Überfluss ging eines Tages die Schneeräummaschine kaputt. Die weißen Flocken aber fielen weiter aus den Wolken herab.

Da blieben die Leute zu Hause. Sie zogen warme Pullover an, erzählten sich Geschichten und lasen in alten Büchern. Und weil die Autos schon längst nicht mehr fuhren, wurde es sehr still in der Stadt.

Da war an einem Tag nur der kleine Briefträger unterwegs. Er hatte die Tasche mit den Briefen auf seine rechte Schulter gestellt und schob sich durch den Schnee, in dem er bis zum Bauch versank.

Kaum war er ein Stück von seinem Haus entfernt, da brach ein Sturm los. Wie wild jagten die Flocken um den kleinen Briefträger herum, dass er sich nicht mehr zurechtfand. Und als der Wind noch den Schnee von den Bäumen fegte, verschwand der kleine Briefträger darunter und konnte nicht mehr weiter.

Wenn nicht ein Bernhardiner gekommen wäre, wäre der kleine Briefträger verloren gewesen. Der Bernhadiner aber buddelte ihn aus und schleppte ihn zu Oma Rumpelputz.

Da kriegte der kleine Briefträger warme Pantoffeln und einen Bratapfel, der duftete wie Weihnachten.

Heiligabend

Es war Heiligabend. Bald würde es regnen. Der Himmel war grau. Im Sommer standen Tische und Stühle vor den Cafés auf dem Bürgersteig. Jetzt drängten die Leute mit ihren letzten Einkäufen heim. Weihnachten, sang es in Lutz. Bescherung. Er musste nur noch ein bisschen warten.

An einer Stelle stockte die Menschenbewegung. Die Leute blieben stehen. Das war bei der grünen Bank.

Lutz ging hin. Auf der Bank saß ein Mann. Er war jung. Seine Kleider waren schmuddelig und die Haare hingen ihm ins Gesicht. Er hielt eine Gitarre im Arm, aber er spielte nicht.

Er spielte nicht und er schaute niemanden an. Neben ihm auf der Bank lag ein Tuch, das Knoten an den vier Enden hatte.

Die Leute standen da und starrten den Mann an. Sie hielten ihre Pakete mit einer Hand und warfen Münzen in das Tuch.

Lutz dachte, dass der Mann krank sei. Aber er wusste nicht, welche Krankheit es war.

Die Leute wurden unruhig.

„Sks!", machte einer.

Lutz hatte das schon einmal gehört. Das machten sie auch im Zoo. Damit die Tiere sie anschauten. Zwischen den Tieren und den Menschen waren Gitter.

Der Mann fing an zu spielen. Er hatte nicht aufgeschaut. Er spielte irgendetwas und summte dazu.

Lutz wünschte, die Leute würden gehen. Manche gingen auch, aber es kamen wieder neue.

Einmal blickte der Mann Lutz in die Augen. Nur ganz kurz. Bei dem Blick tat Lutz innen etwas weh.

Es war so, dass Lutz sich nichts zu dem Mann dazudenken konnte. Keine Frau, kein Zimmer, kein Haus mit einem Zaun drum, kein Weihnachten und nicht mal einen Hund.

Lutz hätte gern irgendwas zu dem Mann gesagt. Nur so ein Wort, das er sich vielleicht anhören konnte. Aber er fand keins.

Plötzlich hörte der Mann auf zu spielen. Hörte einfach auf, mitten in der Melodie.

Die Leute lachten. Jetzt gingen sie. Der Mann nahm das Tuch mit dem Geld und steckte es in die Tasche seiner

Jacke. Ein paar Münzen fielen hin. Er achtete nicht darauf. Ging. Er würde keine Kerzen kaufen und keinen Lebkuchen.

Es war Heiligabend. Die Geschäfte schlossen. Lutz musste heim. Er konnte den Mann nicht vergessen. Aber er wusste nicht, wohin er ihn denken sollte.

Die Zeit der offenen Tür

Die Tage kommen und gehen und jeder Tag bringt Weihnachten ein bisschen näher. Das ganze Jahr hindurch haben Tim, Laura und Leo lauter dummes Zeug im Kopf gehabt. Jetzt aber werden sie plötzlich lieb. Sie waschen sich die Hälse, tragen alten Frauen die Gemüsetaschen nach Hause, putzen sich die Füße ab und sagen bitte und danke.

„Was ist nur mit euch los?", fragt die Mutter und lächelt.

„Na ja", sagt Tim.

„Halt so!", meint Leo.

Und Laura sagt: „Wegen Weihnachten."

„Hm", macht die Mutter.

Tim kriegt Bedenken.

„Glaubst du, dass es schon zu spät ist?", fragt er.

„Zum Liebsein ist es nie zu spät", sagt die Mutter. „Bleibt nur so."

Da sind sie weiter lieb, obwohl es gar nicht so einfach ist. Abends, wenn es dämmrig wird, klettern sie auf das Dach des Hauses, schauen zu den Sternen empor und denken gute Gedanken. Einmal konnte Leo allerdings nicht widerstehen.

Da hat er einem dicken Mann eine Erbse auf den Hut geschossen. Danach hat er einen Schreck bekommen.

„Glaubt ihr, dass das Christkind es gesehen hat?", fragt er ängstlich.

„Wir wollen es nicht hoffen", sagt Laura.

Und Tim meint: „Schließlich kann es nicht immerzu nur uns anschauen."

Am Tag schlendern sie durch die Straßen oder sitzen herum.

„Was macht ihr eigentlich?", fragen die Leute misstrauisch, wenn die Kinder gewaschen und gekämmt auf den Mülltonnen hocken.

„Wir sind lieb", erklärt Laura dann.

Und Tim und Leo gähnen dazu, denn es strengt furchtbar an, immer nur lieb zu sein. Und außerdem ist es langweilig. Als ein paar Tage vergangen sind, werden sie ein wenig unsicher.

„Wenn es nun überhaupt nicht auffällt, dass wir uns so gut benehmen?", sagt Leo plötzlich.

„Tja …", macht Laura.

„Wir müssen das Christkind auf uns aufmerksam machen", schlägt Tim vor.

Sie überlegen hin und her und schließlich fällt ihnen etwas ein. Schnell laufen sie zum großen Kaufhaus und holen Briefpapier und einen Umschlag. Dann setzen sie sich vor die Kaufhaustür, dahin, wo der warme Wind herauspustet, und schreiben einen Wunschzettel.

„Liebes Christkind", malt Laura in großen Buchstaben aufs Papier, „bring mir bitte einen Malkasten. Mit Rot, Grün, Blau und Gelb", fügt sie sicherheitshalber hinzu.

„Liebes Christkind", schreibt Leo. „Ich wünsche mir ein Flugzeug. Dein lieber Leo!"

Und Tim krakelt: „Liebes Christkind, ich hätte furchtbar gerne ein Auto. Aber ein schnelles, wenn es geht. Tim."

„Ob wir gleich danke schön darunter schreiben?", überlegt Laura.

Und das tun sie dann. Sie falten die Blätter zusammen und stecken sie in den Umschlag. Aber jetzt, wo sie den Brief abschicken wollen, fällt ihnen ein, dass sie die Adresse nicht kennen.

„Himmel", sagt Laura.

Leo ist unsicher. „Na ja, aber welche Postleitzahl hat der Himmel?"

Sie schauen sich an und keiner von ihnen weiß es.

„Bitte", fragen sie die dicke Gemüsefrau, „welche Postleitzahl hat der Himmel?" Doch die dicke Gemüsefrau weiß es leider auch nicht.

„Darüber habe ich noch nie nachgedacht", sagt sie und streicht sich verlegen die Schürze glatt.

Den Schuster fragen die Kinder, den Maurermeister, das Fräulein aus dem Café und den Tankstellenbesitzer. Aber niemand kann ihnen Auskunft geben.

„Die wichtigsten Dinge wissen die Erwachsenen auch nicht", sagt Leo.

Und dann werden sie alle drei furchtbar traurig. Sie klettern auf die Mauer vor der Schokoladenfabrik, wo es so gut riecht, und legen den Brief zwischen sich.

„Vergebens", seufzt Tim. „Das viele, viele Liebsein!"

„Und überhaupt", fügt Leo hinzu.

Genau in diesem Augenblick flitzt ein kleiner Windstoß um die Ecke, hebt den Brief auf und trägt ihn davon.

„Hilfe!", schreien die Geschwister und rennen hinterher, so schnell sie nur können.

Aber sie erwischen den Brief nicht mehr. Dafür laufen sie mit voller Wucht gegen den Polizisten, der ihnen entgegenkommt.

„Hallo!", sagt der und lacht. „Wohin denn so eilig?"

Da erzählen sie ihm die ganze Geschichte.

„Deswegen braucht ihr euch doch nicht aufzuregen", sagt der Polizist. „Es ist alles in Ordnung so. Wisst ihr denn nicht, dass der Wind der himmlische Postbote ist? Er trägt euren Brief geradewegs zum Christkind hinauf. Und eine Postleitzahl hat der Himmel nicht, denn man kann ihn mit keinem anderen Ort verwechseln."

So ganz können sie es nicht glauben, dass der Wind den Brief auch richtig befördert. Sie legen die Stirn in Falten und gehen nach Hause. Am anderen Morgen aber, als sie aufstehen, liegt vor der Zimmertür ein glitzerndes Engelhaar. Da wissen die Kinder, dass das Christkind ihren Brief tatsächlich bekommen hat.

„Hurra!", schreit Leo. „Alles in Ordnung!"

„Na ja", meint Tim, „für uns ist gesorgt. Jetzt müssen wir aber auch an die anderen denken. Es ist Zeit, die Geschenke einzupacken."

Und so holen sie das bunte Papier und die Goldbändchen und fangen an. Zuerst schließen sie natürlich die Wohnzimmertür zweimal ab.

„Dreh dich um!", sagt Laura zum Kater Jippi, „sonst siehst du doch, was du kriegst."

Der gehäkelte Hut für die Mutter erscheint den Kindern plötzlich etwas eigenartig. Aber sie kann ihn ja immerhin abends im Dunkeln tragen.

Und für den Vater haben sie einen wunderschönen Pfeifenständer. Fünf Pfeifen passen hinein.

Der Milchmann kriegt eine rote Papierblume zum Anstecken, der Postbote weiche Sohlen, die er sich in die Schuhe legen kann, der Polizist Hustenbonbons, damit er sich nicht erkältet, die Blumenfrau ein selbst gebautes Stühlchen, das nur ein ganz kleines bisschen wackelig ist, der Zeitungsjunge Kaugummi und Jippi eine Gummimaus.

„So!", sagt Laura endlich.

Die Päckchen sind wunderbar geworden. Auf jedem steht, für wen es bestimmt ist. Die Kinder schließen sie alle in den Schrank ein, dann gehen sie in die Küche.

In der Küche riecht es herrlich. Die Mutter backt Plätzchen. Und als sie sich eben einmal umdreht, hat Jippi blitzschnell einen Spekulatiusengel stibitzt. Kater müssen anscheinend vor Weihnachten nicht besonders lieb sein.

„Sag mal", sagt da Laura plötzlich. „Alle bekommen etwas. Aber dem Christkind macht wohl niemand ein Geschenk?"

„Ob wir ihm einen Goldpapierstern vors Fenster hängen?", schlägt Tim vor.

„Das Christkind hat nur einen Wunsch", sagt die Mutter, während sie eine neue Platte mit Plätzchen in den Ofen schiebt.

„Welchen?", fragen sie.

„Es möchte, dass alle Menschen einander lieb haben."

Die Kinder schließen die Augen und denken nach. Die Mutter haben sie lieb und den Vater. Den Polizisten an der Ecke auch, der winkt ihnen immer zu. Die Blumenliese haben sie lieb und sogar den Zeitungsjungen, obschon der manchmal frech ist.

„Ich habe alle lieb", erklärt Laura. „Nur die Kastanienfrau nicht. Die ist brummig!"

„Ja", sagen die Jungen. „Das stimmt!"

„Vielleicht", meint Tim nach einer Pause, „sollten wir sie uns noch einmal ansehen."

Da laufen sie hinaus auf die Straße und gucken die alte Kastanienfrau an. Sie steht neben ihrem Öfchen und macht ein finsteres Gesicht.

„Ich kann sie nicht lieb haben", flüstert Leo.

„Aber wenn das Christkind sich darüber freut, sollten wir es versuchen", antwortet Laura.

„Guten Tag, Kastanienfrau", sagt Tim laut und freundlich.

„Geht weiter, wenn ihr nichts kauft!", knurrt die Kastanienfrau. „Husch!"

Und sie scheucht die Kinder fort, als seien sie Fliegen.

„Wir können sie nicht lieb haben", erklärt Laura abends im Bett der Mutter, die ihnen Gute Nacht sagt.

„Vielleicht nicht so schnell", sagt die Mutter. „Versucht es morgen noch einmal."

Am anderen Tag lungern die Kinder um die Kastanienfrau herum. Ganz langsam gehen sie immer ein bisschen näher.

„Maroni! Heiße Maroni!", ruft die alte Frau mürrisch und zwischendurch schimpft sie leise vor sich hin. „Was glotzt ihr mich an?", fragt sie plötzlich. „Was wollt ihr?"

„Wir versuchen dich lieb zu haben", sagt Laura.

Da lacht die Kastanienfrau, aber es ist kein schönes Lachen. Es wäre den Kindern viel lieber, wenn sie ein einziges Mal ein kleines bisschen lächeln würde.

„Es ist furchtbar schwer", erklärt Tim am Abend, als sie mit den Eltern um den Adventskranz sitzen.

„Ich schaffe es nicht, die Kastanienfrau lieb zu haben", sagt Leo.

Und Laura fügt hinzu: „Wenn es mir wirklich gelingt, dann bestimmt nicht für lange. Höchstens bis zum zweiten Weihnachtstag. Genügt das?"

„Würde es dir nicht auch ein bisschen komisch vorkommen, wenn man dir am zweiten Weihnachtstag die Geschenke wieder fortnimmt?", fragt der Vater.

„Na ja!", seufzen die Kinder.

Und in der Nacht träumt Tim, dass die alte Kastanienfrau ihn mit heißen Maroni bewirft.

Am anderen Morgen stehen alle drei früh auf. Sie laufen hinaus und schauen heimlich um die Ecke, hinter der die Kastanienfrau steht. Und da erleben sie eine Überraschung.

Ganz scheu schleicht ein struppiger, kleiner Junge zum Maroniöfchen hin. Man sieht ihm an, dass er friert. Aber anstatt ihn fortzujagen bückt sich die alte Kastanienfrau und streicht ihm übers Haar. Und auf einmal nimmt sie ihn sogar in den Arm. Sie spricht auch mit ihm, aber was sie sagt, können die Kinder nicht verstehen.

Sie schauen sich an und schämen sich. Und weil es so ist, als wenn man jemanden unerlaubterweise belauscht, gehen sie auf Zehenspitzen davon. Laura sieht eben noch, wie die alte Frau dem kleinen Jungen die Nase putzt.

„Hm", sagt Leo.

Und auf einmal wissen sie alle drei, dass sie die alte Frau jetzt lieb haben.

Doch sagen sollte man es ihr nicht, denkt Tim, denn sonst wird sie vielleicht wirklich mit Kastanien werfen.

Aber der Mutter erzählen sie es natürlich gleich, als sie nach Hause kommen.

„Glaubst du, dass das Christkind sich jetzt freut?", fragen sie.

„Ja", sagt die Mutter. „Bestimmt!"

Und da sind alle Kinder ganz glücklich.

Überhaupt ist nun ein Tag schöner als der andere. Im ganzen Haus duftet es nach Weihnachtsgebäck, aus dem Radio erklingt Adventsmusik und alles scheint voller Erwartung zu sein. Jetzt bleiben die Kinder am liebsten daheim.

„Nur noch ein paar Tage bis Weihnachten!", sagt Laura zu Jippi, dem Kater.

Die Jungen schauen zum Fenster hinaus.

„Es ist so still. Was tun die anderen Leute?", fragen sie die Mutter.

Die Mutter bastelt Sterne aus knisterndem Goldpapier.

„Wer jetzt nicht draußen sein muss, sitzt im warmen Zimmer", antwortet sie.

„Es wird ja auch schon Abend", sagt der Vater über die Zeitung hinweg.

„Alle haben ein warmes Zimmer", sagt Tim. „Oder?"

„Ja." Die Mutter nickt. „Nur die Armen und Verlassenen nicht."

„Das darf doch nicht sein!", rufen die Kinder und haben große Augen.

„Darum ist die Weihnachtszeit die Zeit der offenen Tür", erklärt der Vater und er legt die Zeitung fort.

Schon sind die Kinder auf den Beinen und reißen die Tür auf. Kalt fegt der Wind herein. Huiii – fliegen alle Goldpapiersterne fort.

„Oh!", schreit die Mutter.

Und der Vater ruft: „Macht die Tür zu!"

„Aber du hast doch vorhin selber gesagt, dass jetzt die Zeit der offenen Tür ist", sagt Leo.

Da muss der Vater ihm Recht geben.

„Am besten, wir ziehen uns warm an", schlägt die Mutter vor. Und so machen sie es. Sogar der Kater Jippi kriegt eine gestrickte Mütze.

„Kommt herein!", ruft Laura den Armen und Verlassenen zu.

Aber vorläufig jagt nur der Wind ins Zimmer.

„Wenn ich es mir recht überlege", sagt die Mutter, „gibt es in unserer Stadt wohl kaum Arme und Verlassene."

Sie hat schrecklich kalte Füße.

„Warten wir's ab!", sagt Tim. „Hatschi!"

Und da steht plötzlich jemand in der Tür. Es ist der Polizist von der Ecke.

„Bist du arm und verlassen?", fragen die Kinder.

„Nein", antwortet der Polizist. „Aber es ist schön, dass eure Tür offen steht. Ich will mich ein bisschen bei euch wärmen."

Er reibt sich die Hände und lässt sich am Ofen nieder.

„Was gibt es Neues in der Stadt?", fragt Tim.

„Bald ist Weihnachten", sagt der Polizist. „Ich habe ein Engelshaar vom Himmel fallen sehen."

Eine kleine Weile später kommt der Zeitungsjunge herein. „Brrr!", sagt der. „Es ist kalt!"

„Bist du arm und verlassen?", fragen die Kinder.

„Nö!", sagt der Zeitungsjunge. „Das eigentlich nicht. Aber gut, dass eure Tür offen steht. Ich will mich ein bisschen wärmen."

Und er setzt sich zu ihnen an den Ofen.

„Was gibt es Neues in der Stadt?", fragt Laura.

„Bald ist Weihnachten", sagt der Zeitungsjunge. „Ein Stern steht hinter den Dächern."

Ein paar Minuten sitzen sie still beinander, dann erscheint die dicke Blumenliese.

„Bist du arm und verlassen?", fragen die Kinder.

„Bewahre!", lacht die Blumenliese. „Ich habe bloß kalte Zehen. Schön, dass eure Tür offen steht!"

Sie setzt sich an den Ofen und Leo fragt, ob es etwas Neues in der Stadt gibt.

„Bald ist Weihnachten", sagt die Blumenliese. „Ich habe Musik im Nachtwind gehört."

Der Ofen brummt, die Kerzen flackern am Adventskranz und draußen ist es jetzt ganz dunkel. Da schiebt sich noch einmal eine Gestalt zur Tür herein – sehr, sehr zaghaft. Es ist ein riesengroßer, struppiger Hund.

„Das geht nicht!", sagt die Mutter. „Er hat schmutzige Pfoten!"

Und der Kater Jippi faucht: „Fffft!"

Die Kinder aber sind anderer Meinung.

„Er ist zwar kein Mensch …", sagt Laura.

„Aber er ist arm und verlassen!", fährt Tim fort.

„Seht ihr das nicht?", fragt Leo.

Da schauen die Leute ein bisschen genauer hin und so sehen sie es auch.

„Na ja", sagen die Eltern.

Alle rücken am Ofen zusammen und machen Platz. Lange, lange sitzen sie so. Längst ist der struppige Hund eingeschlafen. Da rollt sich auch der Kater Jippi zusammen. Dicht nebeneinander liegen sie und sie atmen im gleichen Rhythmus.

Die Menschen lächeln – dann fallen auch ihnen die Augen zu. Viel, viel später, als die Blumenliese aufwacht, nimmt sie den struppigen Hund mit sich. Und er bleibt für immer bei ihr.

Warum?

Warum
Ist nicht Winter und Sommer zugleich,
Frühling und Herbst?
Seerosen im Teich,
Bäume mit bunten Blättern,
Der erste Schnee,
Und Schmetterlinge, die schmettern?
Im schilfigen Moor
Der Frösche Gequak.
Ein Nebeltag
Voller Blüten.
Und Winterstürme,
Die wüten.
Hochsommergras,

Tau in den Halmen.
Auf Almen
Kälber mit Kühen.
Und Veilchen blühen
Im Eis.
Ganz leis
Klingen die Glockenblumen.
Vögel suchen nach Krumen.
Das Schaf
Zupft an Rosen und Wicken.
Steinpilze, die dicken
Wachsen im Schlaf.
Der Duft von Heu
Unterm Wintermond.
Grillengeschrei.
Kleiner Igel sonnt
Sich sein Stachelkleid.
Und es schneit und schneit,
Wie im Traum.
Und Hummeln
Brummen.
Kastanien plumpsen vom Baum.
Die Schwalben ziehn
Nach Süd.
Ganz müd
Segeln Wolken dahin.
Klatschmohn mit rotem Gesicht.

Und im Gewitterlicht
Steht ein
Schneemann am Bach.
Ach,
Warum kann das nicht sein?

Das Weihnachtswunder

Seitdem Rainers Eltern geschieden waren, hatte die Mutter das rote Kleid nicht mehr getragen. Nun hielt sie es in der Hand. Rainer roch das süßliche Parfüm von damals. Der Vater hatte es nicht gemocht. Aber sie hatte es trotzdem benutzt.

„Wenn es so weiterschneit, können wir nicht mehr raus", sagte Anja. „Nicht wahr?" Sie drückte die Nase ihrer Puppe gegen das Fenster.

„Ja, ja", antwortete die Mutter. Sie hatte nicht hingehört. Die Puppe hatte Anja nach dem großen Krach bekommen. Rainer hatten sie den Werkzeugkasten gekauft. Er hatte ihn unter sein Bett geschoben. Es war nicht einmal aufgefallen. Sie hatten damals schon keine Zeit mehr gehabt sich um Anja und ihn zu kümmern.

„Euer Vater kommt Weihnachten", sagte die Mutter jetzt. Anja machte große Augen.

Euer Vater, dachte Rainer. Es lag so viel Entfernung darin.

„Wir müssen mit dem Essen warten", hatte sie damals gesagt. „Euer Vater kommt wie immer zu spät."

Rainer hatte herausbekommen, warum der Vater zu spät kam. Es stimmte nicht, dass er länger arbeitete. Er ging im Park spazieren. Einfach so – um zu spät zu kommen. Aber der Vater wusste nicht, dass Rainer es wusste. Dann folgten Fragen, bohrend, unwillige Antworten und zuletzt Tränen. Rainer hasste es, wenn seine Mutter weinte. Der Vater schloss leise die Tür hinter sich.

Wenn er zurückkam, kümmerte er sich um die Schularbeiten. Rainer hatte das Gefühl, dass ihn das alles nichts mehr anginge. Aber er kümmerte sich trotzdem. Eigentlich gingen sie einander überhaupt nichts mehr an. Das war früher gewesen. – Damals hatte ihn alles traurig gestimmt. Danach war der Zorn gekommen. Zorn, der kein Ventil fand. Er entzündete sich an der Art, wie der Vater schweigend eine Augenbraue hob, wie die Mutter das Geschirr abräumte, jede Bewegung eine Spur zu hart, und daran, wie sie Anja übers Haar strichen, einander belauernd.

Dann hatten die Eltern sich scheiden lassen. Eine Weile fragte Anja noch. Aber die Mutter schien nicht richtig zuzuhören.

Nachts brannte noch lange das Licht. Rainer zog sich die Decke über den Kopf. Der Zorn war geblieben.

Später holte der Vater Anja und ihn alle vierzehn Tage mit dem Auto ab. Er ging mit ihnen in den Zoo und auf Rummelplätze.

Er macht es sich leicht, dachte Rainer.

Er beschloss sich nicht wohl zu fühlen, baute eine Mauer in sich auf. Wenn ihm trotzdem etwas Spaß machte, die Achterbahn vielleicht, fühlte er sich eingefangen. Er nahm es seinem Vater übel.

Jetzt zog die Mutter das rote Kleid an.

„Ich muss es enger machen", sagte sie.

Rainer ging hinaus.

Die Tage lösten einander ab. Weihnachten kam näher. Schon strahlten vor den Geschäften Lichterketten auf. Nikoläuse nickten mit bärtigen Häuptern und die Musik von der „Stillen Nacht" dröhnte lautstark über die Straßen.

Wieder und wieder schneite es frisch auf den schmuddeligen Großstadtschnee. Eine sanfte Gewalt, die stärker war als die Leute hier unten.

Rainer hielt Anja an der Hand.

„Das Christkind bringt mir eine Puppenbadewanne", plapperte sie, „und Kamm und Bürste. Und der Papa kommt!"

„Ja", sagte Rainer.

Fast unmerklich hatte sich eine Veränderung in ihm vollzogen. Er begann sich zu freuen. Zwar ahnte er, dass seine Hoffnung eher ein Zurückfallen war. Sie zog ihn noch einmal in eine andere Phase seiner Kindheit, eine Phase, die er in Wirklichkeit längst durchschritten hatte. Es war nur seine Erinnerung, die den Weg dahinfand.

Etwas warnte Rainer, dieser Freude nachzugeben, aber schließlich füllte sie ihn doch völlig aus.

„Ja", sagte er, „der Papa kommt. Und ich bekomme vielleicht ein Fahrrad."

Wenn es wieder so würde wie vor langer Zeit? Verschlossene Türen, Rascheln und Flüstern, ein Klirren, der unterdrückte Aufschrei seines Vaters, darauf als Antwort das Lachen der Mutter.

Die Erwartung und die Erfüllung – Weihnachten, prall und rund, duftend, strahlend, makellos.

Jetzt zündete Mutter abends Kerzen an. Rainer knipste die Lampe aus, so wurden die Dinge weicher. Sie saßen zu dritt um den Tisch und manchmal lächelten sie einander zu.

„Bleibt der Papa dann hier?", fragte Anja.

„Du musst jetzt schlafen gehen", sagte die Mutter leise.

„Und die Badewanne soll blau sein!", verlangte Anja.

Rainer strich ihr übers Haar und blickte die Mutter verstohlen an.

In den Nächten träumte er, dass das Wunder geschah. Wunder der Weihnacht, Neubeginn. Alle Tage waren voller Hoffnung.

Dann endlich war Heiligabend.

„Um drei", sagte die Mutter. „Er kommt um drei."

Sie trug das rote Kleid. Rainer roch, dass sie ein anderes Parfüm benutzt hatte. Aber der alte, süßliche Geruch drang trotzdem durch.

Die Mutter war nervös. Sie nahm Dinge auf und stellte sie wieder hin. Anja lauschte einem Märchen aus dem Radio und Rainer starrte zum Fenster hinaus.

Komm, dachte er, komm!

Die Mutter verschwand im Bad. Das Märchen war zu Ende. Musik erklang, Weihnachtsmusik. Frühe, durchsichtige Dämmerung senkte sich herab.

Rainer bemerkte plötzlich, das all seine Muskeln angespannt waren. Er blieb trotzdem unbeweglich. Wenn er durchhielt, würde alles gut werden. Um vier wandte er sich ab. Er ging in sein Zimmer und setzte sich auf einen Stuhl.

Kurz darauf klingelte es.

Vielleicht, wenn sie nichts sagt, dachte Rainer noch.

„So spät!", hörte er kläglich ihre Stimme.

Die Antwort verstand er nicht.

Er lief auf den Flur. Blitzschnell veränderte der Vater seinen Gesichtsausdruck. Er stemmte Rainer in die Luft und lachte.

Und Rainer spielte mit. Er sah, dass seiner Mutter Tränen in den Augen standen, aber er spielte mit.

Anja kam hinzu. Für einen Augenblick schien alles in Ordnung zu sein. Dann fiel Rainers Blick auf die Reisetasche. Sein Vater wohnte nicht hier.

„Husch, in die Küche mit euch!", rief die Mutter.

Die Eltern verschwanden im Wohnzimmer. Rainer ging wieder ans Fenster. Schnee fiel. Das Auto des Vaters hatte das Kennzeichen einer fremden Stadt.

Nebenan raschelte es und es flüsterte. Aber dann klang das Flüstern ärgerlich. Das war der Augenblick, wo Rainer wusste, dass sein pralles, rundes Weihnachten einen Sprung für immer hatte.

Er dachte, dass er sie hasste – alle beide, weil sie ihm das Fest verdorben hatten. Er stellte das Radio an, damit Anja nichts merkte.

Wenig später öffneten sie die Tür. Sie lächelten ihnen zu und der Baum stand strahlend da wie damals. Aber das Wunder geschah nicht. Trotz der blauen Badewanne und des Fahrrades geschah es nicht.

Anja schrie vor Freude und Rainer sah, dass sich die Eltern flüchtig umarmten. Es wirkte verlegen und ängstlich und nachher blickten sie aneinander vorbei.

Mit einem Mal hörte Rainer auf sie zu hassen. Er bemerkte ihre Unsicherheit. Und er verstand, dass das Bemühen zählte – das Bemühen der Menschen umeinander.

Ihm war, als sei er plötzlich ein Stück gewachsen. Aber als er im Schlafzimmer in den Spiegel schaute, sah er aus wie immer.

Trotzdem, dachte er.

Und er ging zurück ins Weihnachtszimmer, wo das Es-

sen aufgetragen war. Er fühlte sich gut. Es war ganz leicht
nett zu den Eltern zu sein. Und während die Spannung
in ihm selbst nachließ, schienen auch die anderen gelös-
ter.

Der Vater würde wieder abreisen, morgen vielleicht.
Und doch war etwas Wunderbares geschehen, wenn
auch nicht das Kinderwunder, das Rainer erwartet hatte. Er hatte begriffen, dass man die Dinge verändern
kann. Man muss nur selbst damit beginnen.

Weihnachten ist ein Anfang, dachte Rainer.

Aber es hätte auch an jedem anderen Tag geschehen
können.

Paradiesschnee

In den Straßen, wo die vielen Autos fahren, ist der
Schnee schmutzig und auf den Gehsteigen sieht er auch
nicht besser aus. Aber im Stadtgarten, da liegt er frisch
und weiß auf den Wiesen. Unberührt bis auf eine krake-
lige Vogelspur hie und da.

„Die Bäume halten sich ganz still, damit der Schnee
nicht runterfällt", sagt Susi, „nicht wahr?"

Jan nickt.

„Sag, woher kommt der Schnee?"

„Aus den Wolken", erklärt Jan, „die haben die ganzen
Bäuche voll davon."

„Und warum ist er immer nur weiß und nie rot?", will
Susi jetzt wissen.

„Weil er sonst Flecken machen würde."

„Kann man Schnee essen?", fragt Susi.

„Ja", sagt Jan, „aber er ist so kalt, da kriegt man Bauchschmerzen."

„Ein bisschen?"

„Nein", sagt Jan und nimmt seine kleine Schwester fest an der Hand. „Pass auf, wie viele Wörter es mit Schnee gibt", lenkt er sie ab: „Schneeball, Schneewetter, Schneemann …"

„Schneefrau!", schreit Susi.

„Schneesturm", fährt Jan fort, „Schneeschaufel … Schneekönigin …"

„Schneenasi", sagt Susi.

„Nein", sagt Jan.

„Doch", sagt Susi, „weil mir nämlich Schnee auf die Nase gefallen ist!"

„Na gut", meint Jan. „Schneeräumer … Schneeschuhe …"

„Schneestrümpfe!", brüllt Susi und hüpft auf einem Bein, „Schneehütte, Schneevögel!"

„Komm, wir machen eine Schneeballschlacht!", ruft Jan. „Los!"

Da bewerfen sie sich mit Schneebällen. Susi schmeißt, so fest sie kann. Jan darf das aber nicht, weil seine kleine Schwester dann losheult.

„Pah", macht Susi endlich, „ich krieg keine Luft mehr!"

Jetzt schneit es mehr und mehr. Dichte Flocken segeln herab.

„War voriges Jahr auch Winter?", fragt Susi.

„Klar", antwortet Jan. „Erinnerst du dich nicht mehr?"

„Und vorvoriges Jahr?"

„Da auch."

„Und vorvorvoriges Jahr?" Susi ist eine Nervensäge.

„Jedes Jahr ist Winter", erklärt Jan.

„Ganz früher auch?"

„Ja", sagt Jan.

„Woher weißt du das?"

Jan denkt nach.

„Von der Mama."

„Und woher weiß es die Mama?"

„Von der Oma. – Siehst du den Vogel da?", versucht er sie abzulenken.

„Ja", sagt Susi. „Und von dem weiß die Oma es?"

„Von ihrer Mutter", sagt Jan. „Der Uroma."

„Und die?", bohrt Susi weiter.

„Von der Ururoma. Der hat es die Urururoma erzählt und die erfuhr es von der Ururururoma."

„Und die von der Urururururur…" Jetzt macht es Susi erst recht Spaß!

„Ja", sagt Jan, „und immer so weiter zurück."

„Bis wohin?", fragt Susi.

Jan stöhnt. „Wo sind denn deine Handschuhe?", fragt er.

„Weiß ich nicht", sagt Susi. „Bis wohin?"

„Bis zu Adam und Eva im Paradies!"

„Im Paradies ist immer Sommer!", sagt Susi.

„Wieso?", fragt Jan.

„Weil da immer Sommer ist! Auf allen Paradiesbildern ist Sommer!"

Susi hat Recht. Die Wiesen sind immer grün und die Blumen blühen.

„Im Paradies ist auch Winter gewesen!"

„Warum?", fragt Susi.

„Weil das Paradies ein wunderschöner Ort war", sagt Jan, „und weil der Winter auch wunderschön ist. Und weil er zu einem wunderschönen Ort dazugehört."

Susi guckt zu ihm hoch.

„Ja", sagt sie. „Und die Tiere? Und die Leute?"

„Die Leute waren Adam und Eva", sagt Jan. Da fällt ihm ein, dass die ja keine Kleider hatten. „Im Paradies war der Schnee nicht kalt", sagt er.

„Echt?", fragt sie. „Woher weißt du das?"

„Von niemandem auf der ganzen, weiten Welt", sagt Jan. „Von mir ganz allein."

„Da mussten sie nicht frieren", sagt Susi. „Aber ich friere", fügt sie hinzu. „Trag mich ein bisschen!"

Ob es wirklich Winter gab im Paradies?, denkt Jan, während er seine kleine Schwester huckepack nach Hause trägt. Ganz bestimmt, und ich bin der Erste, dem es eingefallen ist.

Warum jedes Jahr wieder Weihnachten ist

Am Tag vor dem Heiligen Abend sind die Kinder so unruhig, dass sie überhaupt nichts mehr mit sich anzufangen wissen.

„Was sollen wir nun tun?", fragen sie die Mutter.

„Lauft nicht immer hinter mir her", sagt die Mutter. „Ihr stört mich. Ich habe jetzt keine Zeit. Spielt doch ein bisschen Domino!", schlägt sie dann vor.

Eine Weile spielen Tim, Laura und Leo Domino. Dann haben sie keine Lust mehr.

„Was sollen wir tun?", fragen sie wieder. „Die Zeit geht nicht rum!"

„Bürstet den Kater Jippi", sagt die Mutter. „Damit er Weihnachten gut aussieht."

Aber der Kater Jippi will sich nicht bürsten lassen. Er faucht und schlägt mit den Krallen und zum Schluss läuft er auch noch weg. Damit die Mutter aber endlich ihre

Ruhe hat, geht sie auf den Speicher und holt einen Stapel uralter, verstaubter Bücher herunter:

„Die hat meine Mutter gelesen, als sie noch klein war", sagt sie. „Schaut sie euch an."

Da setzen sich Tim, Laura und Leo vor den Kamin und lesen in den uralten Büchern. Draußen peitscht der Regen gegen die Fensterscheiben und auf einmal ist es richtig schön.

Wie es früher war, lesen sie. Da gab es noch keine großen Städte und die Leute wohnten draußen inmitten der Wälder und Wiesen. Viele wunderbare Geschichten stehen in den Büchern. Und auf einmal ist der Tag zu Ende und die Kinder haben es gar nicht gemerkt.

„Da sind die Rehe bis an die Häuser gekommen", sagt Laura, als sie ihre Schlafanzüge angezogen haben und ins Bett gehen.

„Ja, und die Leute haben wunderbare Kräuter gefunden", erzählt Leo. „Manche waren gut für die Knie, wenn man hingefallen ist."

Tim sieht sehr nachdenklich aus.

„Das Schönste war, dass es den ganzen Winter geschneit hat", sagt er endlich. „Hier regnet es nur."

Laura und Leo nicken. Sie schieben den Vorhang zur Seite und schauen hinaus. Es regnet immer noch.

„Nicht mal zu Weihnachten gibt es Schnee", sagt Laura. Dann knipst sie die Lampe aus und jeder denkt still für sich noch ein paar Gedanken, bis er einschläft.

In der Nacht aber geschieht etwas Merkwürdiges: Tim, Laura und Leo träumen den gleichen Traum … Sie gehen durch einen tiefen, dunklen Tannenwald und es beginnt zu schneien. Lautlos schweben die Flocken herab. Zuerst ganz kleine und dann werden sie immer größer, bis sie fast so groß wie Schmetterlinge sind. Die Bäume breiten ihre Zweige aus und nehmen die Schneeflocken auf. Und auf einmal ist der Himmel übersät mit goldenen Glöckchen, die leise klingeln. Vielleicht sind es die Sterne, die lachen. Man weiß es nicht.

Da treten die Tiere aus dem Gesträuch: die stolzen Hirsche, die Füchse und Rehe, Eichhörnchen mit buschigen Schwänzen, Igel und Hasen. Und ringsum schwirren bunte Vögel umher und zwitschern. Die Hirsche beugen ihre Knie und lassen die Kinder auf ihre Rücken steigen. Auf sanften Hufen traben sie durch den Winterwald. Ganz zart singt der Wind in den verschneiten Bäumen, der Schnee breitet seinen weißen Teppich aus und der Mond legt einen goldenen Schimmer darüber. So feierlich und still ist es, dass es den Kindern ganz seltsam zu Mute wird vor lauter Glücklichsein.

Aber dann, auf einmal haben sie nicht aufgepasst, und – plumps – fallen sie vom Rücken der Hirsche hinunter in den Schnee.

Als Tim, Laura und Leo die Augen öffnen, stellen sie fest, dass sie aus ihren Betten gepurzelt sind. „Ach, es war nur ein Traum!", seufzen sie und reiben sich die Augen.

Und da sind sie alle drei ein bisschen traurig. Doch als sie aus dem Fenster schauen, sehen sie, dass etwas Wunderbares geschehen ist. Über Nacht hat sich die große Stadt verwandelt – es hat geschneit!

„Hurra!", schreien Tim, Laura und Leo.

Sie waschen sich schnell ein ganz kleines bisschen, ziehen sich an und laufen hinaus. Nie war es so still. Selbst die Autos fahren lautlos durch die weißen Straßen und haben Schneehüte auf. Die Häuser sehen aus wie mit Zuckerguss überzogen, vor den Fenstern hängen schillernde Eiszapfen und die Leute haben die Kragen ihrer Mäntel hochgeschlagen und schauen so vergnügt drein wie schon lange nicht mehr.

Und immer neue Schneeflocken segeln vom Himmel herunter und lassen sich nieder, wo es ihnen eben Spaß macht. Da fassen sich die Kinder bei den Händen und tanzen und springen.

„Es schneit! Es schneit!", singen sie.

Und sie denken, dass Heiligabend ist und dass die Stadt nun genauso schön aussieht wie die Dörfer in den uralten Büchern.

Plötzlich aber entdecken sie noch etwas: Vor der Haustür steht ein großer, tief verschneiter Tannenbaum. Lange schauen sich die Kinder an, ohne ein Wort zu sagen.

„Er ist aus dem Wald gekommen!", flüstert Laura dann.

„Aus dem geträumten Wald!", haucht Tim.

Und Leo sagt leise: „Unser Weihnachtsbaum!"

Es ist wirklich eine großartige Sache. Und außerdem dauert es jetzt nur noch ein paar Stunden, bis Weihnachten ist. Zuerst machen alle drei eine Schneeballschlacht, dann bauen sie einen Schneemann, aber schließlich gehen sie doch lieber ins Haus.

Da ist es so aufregend und geheimnisvoll wie an keinem anderen Tag im Jahr. Ganz feierlich klingt die Musik aus dem Radio. Die Eltern sind im Wohnzimmer verschwunden. Und es knistert und klappert und plötzlich klingelt sogar ein Glöckchen. Aber nicht einmal durch das Schlüsselloch können die Kinder etwas sehen.

„Jippi ist natürlich drin!", sagt Leo. „Das ist eigentlich ungerecht!"

Aber die Geschwister sind viel zu aufgeregt, um sich wirklich zu ärgern. Sie laufen zum Fenster und wieder zurück und dann setzen sie sich ums Radio und lauschen den Geschichten, die ein Mann erzählt. Ganz langsam wird es dämmerig.

„So!", ruft da plötzlich die Mutter und sie sieht sehr vergnügt aus. „Wenn alle Kinder sauber sind, wollen wir nachsehen, was das Christkind gebracht hat!"

Da gibt es einen furchtbaren Andrang auf das Badezimmer und diesmal waschen sich Tim, Laura und Leo sogar hinter den Ohren. Ganz ordentlich sehen sie alle drei aus. Die strubbeligen Haare haben sie sich mit Wasser festgeklebt.

Und dann ist endlich, endlich Weihnachten! Der ganz

große Augenblick ist da: Die Wohnzimmertür öffnet sich und da steht der Tannenbaum, strahlend und glitzernd, und erfüllt alles mit seinem Glanz. Nach Wald duftet es, nach Kerzenwachs und Lebkuchen und nach Braten auch. Lange stehen die Kinder wie verzaubert, stumm und mit großen Augen.

„Na?", sagt der Vater endlich.

Und da stürzen sich die Kinder auf ihre Geschenke. Der Malkasten ist da, das Flugzeug, das Auto und noch eine Puppe, eine Lokomotive, ein Schiff und viele bunte Bilderbücher. Fast kann man es gar nicht begreifen, wie lieb das Christkind ist!

„Schau!", schreit Tim.

„Hier!", brüllt Laura.

Und Leo jubelt: „Oh! Wie schön! Wie schön!"

„Ich bin so dick voller Freude, dass ich platzen könnte", sagt Tim endlich und den beiden anderen geht es ebenso.

Ja, und der gehäkelte Hut passt der Mutter wunderbar und der Vater verspricht, ab sofort Pfeife zu rauchen anstatt Zigaretten. Jippi jagt mit der Gummimaus umher und dann essen sie und alle sind richtig glücklich.

„Komisch", sagt Tim endlich, als sie still und satt nebeneinander sitzen, „Weihnachten, das ist der Baum und die Geschenke und Musik und Braten. Doch es muss auch noch etwas anderes sein. Sonst würde die Freude doch jetzt aufhören. Sie hört aber nicht auf!"

Laura und Leo schauen ihn nachdenklich an.

„Ja", sagt Leo, „das ist nur das Drumherum."

Und Laura fragt: „Was ist denn der Kern von Weihnachten?"

Die Eltern lächeln.

„Weihnachten ist das Zeichen für einen Neubeginn", sagt der Vater. „Das Licht kommt in die Welt und die Liebe."

„Ja", überlegt Laura, „Weihnachten lieben alle Menschen einander."

„Aber nach Weihnachten hören sie wieder damit auf", stellt Leo fest.

„Ist darum jedes Jahr wieder Weihnachten? Damit man wieder neu anfängt?", fragt Tim.

„Ja", sagt die Mutter. „Die Menschen sind halt vergesslich. Und Weihnachten soll sie immer wieder daran erinnern, dass sie neu anfangen können gut zu sein."

Da werden alle drei sehr still. Jeder von ihnen nimmt sich heimlich vor, von jetzt ab ein besserer Mensch zu werden.

Und dann fängt der Kater Jippi mit dem Unsinn an! Er rast nämlich plötzlich am Weihnachtsbaum empor und schlägt drei Glaskugeln kaputt. Nun ist der Kater Jippi allerdings kein Mensch und vielleicht hat er ja auch keine guten Vorsätze gehabt, aber danach dauert es nicht mehr lange, als das mit Leo passiert.

Bevor er selber recht merkt, hat er Tim einen Marzi-

pankringel vom Teller geklaut. Nur so. Tim hat es gleich mitgekriegt. Er ist mit einem Satz bei Leo und tritt ihn gegen das Schienbein. Und weil sie bei der Gelegenheit beide versehentlich auf Lauras neuer Puppe herumtrampeln, beginnt sie zu schreien wie am Spieß.

Die Eltern stehen nur da und schauen sie an. Da sind sie plötzlich alle drei ganz still. Wie erstarrt wirken sie. Und dann heulen sie los. Zuerst Laura, dann Tim und zuletzt auch Leo.

„Nun war alles vergebens!", schluchzt Laura.

„Das ganze Weihnachten!", schnuffelt Tim.

„Und dabei wollte ich ein guter Mensch werden!", jammert Leo. „Und zwar augenblicklich!"

„Nun hört mal auf zu weinen", sagt die Mutter da. Und der Vater nimmt sie alle drei in die Arme.

„Es kann schon vorkommen, dass einem ein Anfang misslingt", tröstet er. „Aber Weihnachten soll ja nur daran erinnern, dass man neu anfangen kann. Man kann in jedem Augenblick des Lebens neu anfangen. Wenn man dann hin und wieder einmal Fehler macht, ist es nicht so schlimm. Man muss nur wirklich gut sein wollen, dann klappt es schon eines Tages."

Da trocknen sich die Geschwister ihre Tränen und Weihnachten ist wieder schön.

„Wir sind ja auch noch ziemlich klein", sagt Tim. „Wir schaffen es schon!"

Und daran glauben sie alle ganz fest. Ein bisschen spielen sie noch mit ihren neuen Sachen, dann werden sie langsam müde. Und morgen ist schließlich auch noch Weihnachten.

Den ganzen ersten Weihnachtstag lang geht alles gut. Und wenn man davon absieht, dass Leo versehentlich einen Kerzenleuchter zerbricht, passiert auch wirklich nichts Schlimmes. Am zweiten Weihnachtstag scheint die Sonne so schön auf den Schnee, dass Mutter die Kinder nach draußen schickt. Das Auto und das Flugzeug nehmen Tim und Leo mit.

Aber als sie draußen eine Weile damit gespielt haben, ist das Auto plötzlich kaputt.

„Oh", sagt Tim, „wie schade! Schaut mal, ein Rad ist ab!"

„Und mein Flugzeug hat einen geknickten Flügel!", ruft Leo. „So was Dummes!"

„Na ja", meint Laura. „Das ist halt so nach Weihnachten!"

„Aber Weihnachten ist doch nicht vorbei!", sagt Tim. Und wirklich riecht es noch nach Tannengrün und Kerzenwachs und manchmal leuchten hinter dem Fenster eines Hauses die Lichter des Christbaumes auf.

„Aber fast", sagt Laura.

Sie schlendern die stillen Straßen entlang. Und hier und da stellen sie sich auf die Zehenspitzen und schauen ein wenig in die Fenster zu den Leuten hinein.

Eigentlich tut man so etwas natürlich nicht, aber andererseits ist es doch furchtbar interessant. Manche Leute sitzen unter ihren Weihnachtsbäumen, gähnen und haben Pantoffeln an. Manche Leute schlafen auf dem Sofa und ein paar hocken vorm Fernsehen.

„Hm!", sagt Tim.

Sie treten an einer Stelle den Schnee fest und kegeln mit Nüssen. Aber großen Spaß macht es nicht. Und das Flugzeug und das Auto liegen neben ihnen und sehen ganz traurig aus.

„He! Struppi!", ruft Leo einem kleinen schwarzen Hund zu, der vorüberläuft.

Doch der Struppi hat sich über Weihnachten den Magen verdorben. Er ist schlecht gelaunt und knurrt sie an. Tap, tap, tap, schlurfen da Schritte die Straße entlang.

„Das ist der alte Sebastian!", flüstert Laura. „Mit dem spricht keiner."

„Weil der sich nicht wäscht", erklärt Tim.

„Und überhaupt!", setzt Leo hinzu.

„Was er wohl Heiligabend gemacht hat?", überlegt Laura plötzlich.

„Der kriegt immer eine Wurst vom Metzger Schmitt", sagt Leo. „Das weiß ich. Und der Bäcker schenkt ihm Semmeln dazu."

„Ob sie das tun, weil sie ihn zu Weihnachten lieben?", fragt Tim.

Er fragt mehr sich selber.

„Wenn man sich das überlegt", sagt Laura. „Das mit dem Anfang…"

94

Der alte Sebastian geht langsam an ihnen vorbei. Einen Moment lang schauen sich die Kinder an. In jedem Augenblick, denken sie. Also auch jetzt! So kommt es, dass sie plötzlich hinter dem alten Sebastian herlaufen.

„Guten Tag, Sebastian!", rufen sie. „Wie geht es dir?"

„Guten Tag", entgegnet der alte Sebastian erstaunt. „Wie geht es euch denn?"

Leo scharrt vor Verlegenheit mit den Füßen im Schnee und Laura kratzt sich auf dem Kopf.

„Ach", stottert Tim, „wie immer! Unser Spielzeug ist kaputt!", fällt es ihm da ein. „Und der Schnee ist auch schon schmutzig", setzt er hinzu.

Da lacht der alte Sebastian, dass man seinen letzten Zahn sieht.

„Das mit dem Schnee kann ich nicht ändern", sagt er. „Aber zeigt mal euer Spielzeug her!"

Er setzt sich auf die Stufen des Denkmals und nimmt das Auto und das Flugzeug in seine Hände. Und weil der alte Sebastian in seinem Leben schon vielerlei geflickt hat - was aber niemand weiß, weil niemals jemand mit ihm spricht –, dauert es nicht lange und er hat das Auto und das Flugzeug wieder repariert.

„Oh!", sagen die Geschwister. „Danke schön!"

„Wir müssen ihm eine Freude machen", flüstert Leo.

Da nehmen sie alle drei ihre Wollmützen ab und singen für den alten Sebastian ein Weihnachtslied. Wer weiß, woran es liegt – vielleicht daran, dass der alte Sebastian ganz glänzende Augen bekommt –, jedenfalls ist es fast noch einmal so schön wie am Heiligen Abend.

Und es dauert nicht lange, da öffnen einige Leute ihre Fenster und singen mit.

Ja – und als Tim, Laura und Leo den alten Sebastian am nächsten Tag wieder treffen, scheint er ihnen direkt ein wenig sauberer zu sein. Vielleicht bilden sie sich das ja nur ein. Aber vielleicht ist es auch wahr.